LES
DEUX ELÈVES,

OU

L'ÉDUCATION PARTICULIÈRE,

COMEDIE-VAUDEVILLE EN UN ACTE.

PAR MM. FERDINAND-LANGLÉ, ROCHEFORT ET***

REPRÉSENTÉE POUR LA PREMIÈRE FOIS, A PARIS, SUR LE THÉATRE
DE MADAME, PAR LES COMÉDIENS ORDINAIRES DE S. A. R., LE
9 JANVIER 1827.

PRIX : 1 FR. 50.

PARIS.

AU GRAND MAGASIN DE PIÈCES DE THÉATRE

DE A. G. BRUNET, LIBRAIRE-ÉDITEUR,

Successeur de Madame Huet,

RUE DE VALOIS, PALAIS-ROYAL, Nº 1ᵉʳ (ter), VIS-A-VIS L'ATHÉNÉE.

1827.

PERSONNAGES.	ACTEURS.
LORD WORSET.	M. Dormeuil.
ARTHUR, son neveu..	M. Paul.
ROBERT, domestique d'Arthur.	M. Legrand.
COGÉ, vieux précepteur.	M. Bernard-Léon.
FANNY, fille de Worset.	Mlle Adeline.
ELISA, tenant un hôtel garni.	Mlle Dejazet.
Un Domestique.	

La scène se passe à Paris, dans un hôtel garni.

Imprimerie de E. DUVERGER, rue de Verneuil, n° 4.

L'ÉDUCATION PARTICULIERE,

COMÉDIE-VAUDEVILLE.

Le théâtre représente une chambre ; à droite et à gauche, des cabinets. Une table est sur le devant de la scène.

SCÈNE PREMIÈRE.

ROBERT, *seul, un livre à la main, assis devant une table couverte de livres.*

(*Il lit.*) « La grammaire est l'art de parler et d'écrire « correctement ; pour parler et pour écrire correctement « on emploie des mots..... (*Parlant.*) Est-ce amusant, je vous le demande, d'être forcé d'apprendre ces sottises-là par cœur ? et pourtant il faut que je me fourre tout le volume dans la tête pour faire plaisir à mon maître ! Des adjectifs, substantifs, indicatifs, subjonctifs !... tous logogriphes pour moi et pour bien d'autres !... Ah bah ! au fait, est-ce que j'ai besoin de savoir tout ça pour être domestique ? je vas jeter les livres par la fenêtre !... (*Il va à la table.*) Pourtant il ne faut pas faire de folie de mon chef... écrivons plutôt à ma mère, en Bourgogne, et attendons sa réponse pour me décider tout-à-fait. (*Il s'assied.*

« Ma chère maman, celle-ci est pour vous apprendre que votre fils Robert vient de changer de condition sans que ça paraisse. Lord Arthur, mon maître, qui a le droit de s'amuser tant qu'il veut parce qu'il est riche, vient de doubler mes gages pour que je prenne, à sa place, les leçons d'un vieux professeur que son oncle lui a envoyé d'Angleterre à Paris, pour en faire un savant ; ce qui fait, ma chère maman, que, pour se délivrer de son gouverneur, mon maître m'a fait changer mon nom de Robert contre celui d'Arthur, et que je passe pour lui dans l'hôtel où nous demeurons. Voilà six grands mois que ça dure, je n'y tiens plus... je suis au dernier article, et c'est aujourd'hui que je dois conjuguer... dites-moi ce qu'il faut faire pour me tirer de là sans perdre l'argent qui m'a été promis. Votre malheureux fils vous embrasse, ô ma mère! au vocatif! »

(*Il plie la lettre, et appelle.*) Elisa!... Elisa!... elle est jolie la nièce de l'hôtesse... heureusement que je lui fais la cour pendant mes récréations, et qu'elle est éprise de moi; ça me remet un peu de mes travaux classiques... C'est drôle..... je lui ai plu tout de suite.... ah! c'est que je passe ici pour un Anglais.

SCENE II.

ROBERT, ELISA.

ÉLISA.

Bonjour, monsieur Arthur...

ROBERT.

Ah! c'est vous, mamzelle Elisa? tenez, voilà une lettre pour la poste...

ÉLISA, *la prenant.*

Je vous apporte vos journaux; si vous voulez les lire...

ROBERT.

Merci, je m'ennuie bien assez sans ça... j'aime mieux causer avec vous...

ÉLISA.

Comme ces Anglais sont honnêtes!

ROBERT.

Pas tant que les Français!

ÉLISA.

Oh! les Français ont du bon... je ne dis pas... les Parisiens surtout... ils causent très bien... mais quand on s'y laisse prendre, il arrive toujours quelque malheur... au lieu que les Anglais, ils épousent.

AIR de Vadé à la Grenouillère.

On dit que bien des Coralys
Dans leurs amours toujours heureuses,
Sont aujourd'hui des miladys!...
C'est bien joli pour des danseuses!

ROBERT.

En changeant ainsi de pays
On se fait des vertus nouvelles;

5

C'est comme ces courtiers hardis
Qui sont des fripons à Paris
Et d'honnêtes gens à Bruxelles.

ELISA.

Un étranger qui parle mariage doit inspirer plus de
confiance qu'un compatriote qui ne parle que d'amour.

ROBERT.

Ce que vous dites là , Elisa , prouve deux choses.

ELISA.

La première?

ROBERT.

Que vous avez de l'éducation.

ELISA.

Et la seconde ?

ROBERT.

Que vous avez été bien élevée.

ELISA.

Ah ! c'est bien nécessaire quand on a une tante infirme
et qu'on est forcée à mon âge d'être à la tête d'un hôtel
comme celui-ci !... c'est si trompeur les hommes qui
logent en garni !

AIR : du vaud. de Partie et Revanche.

Dans tous les hôtels c'est l'usage,
On se loge au mois , même au jour ,
Et nos hôtes voudraient, je gage,
Un bail aussi court en amour.
Mais l'amour, mauvais locataire,
Demeure un jour et fuit incognito,
Et la pauvre propriétaire
En soupirant remet son écriteau.

ROBERT.

Et l'on perd tout à la fois...

ELISA.

Aussi dès que vous avez commencé à me faire la cour...
pas si bête que de vous aimer toute de suite... à la première vue !... les grandes passions , c'est bon pour les
romans... moi , il m'a fallu une promesse de mariage....
vous riez?... oh ! je sais bien que ça n'engage à rien....
que je ne peux pas avec ce papier-là vous forcer à m'épouser , mais c'est égal , c'est un titre... et je suis à l'abri des
événemens.

ROBERT.

Comment ! un titre ?

ELISA.

Oui, parce que, voyez-vous, si vous aviez le malheur
de vouloir vous marier avec une autre... je lui montre-
rais ça... et certainement dans une famille honnête on ne
voudrait pas d'un homme qui endosse des promesses de
mariage comme on endosse des lettres de change.

ROBERT.

Elisa, vous pouvez être sûre qu'on vous aime, et la
preuve, c'est que je vais vous embrasser... voilà comme
je suis, moi... (*il veut l'embrasser.*)

ELISA.

Non pas, non pas, milord...

ROBERT.

Oh ! laissez donc !... qu'est-ce que ça vous fait ?... (*il
l'embrasse malgré elle ; Arthur entre au même moment ,
Elisa se sauve en jetant un cri.*)

SCENE III.

ROBERT , ARTHUR.

ROBERT.

Bravo , Robert ! c'est très bien !... on n'est pas plus stu-
dieux , et mon gouverneur serait enchanté s'il te voyait !...

ROBERT.

Ah ! monsieur, c'est une petite distraction... je m'ennuie tant dans l'exercice de mes fonctions !...

ARTHUR.

Il me semble que je te paie assez cher pour ça ?

ROBERT.

C'est que mon rôle devient trop difficile ; votre gouverneur ne peut pas manquer de découvrir que vous m'avez
fait prendre votre place pour vous débarrasser de lui.

ARTHUR.

Il ne se doute de rien. Lorsqu'il y a deux ans, j'eus le
malheur de perdre mon père, avec lequel j'habitais Paris,
mon oncle Worset fut effrayé de savoir son neveu seul
dans cette capitale ; il voulut continuer le système d'éducation adopté pour moi ; car, tu le sais, il m'est prescrit
de ne parler que français jusqu'à ma majorité, et mon
oncle m'expédia de Londres ce vieux pédant pour me
servir de mentor...

ROBERT.

Et c'est moi qui eus le malheur d'en profiter!...

ARTHUR.

Que pouvais-je faire?... me remettre sous la férule à mon âge?... pas du tout, je t'ai métamorphosé en Anglais, je t'ai loué dans cet hôtel un appartement magnifique et maintenant te voilà lord Arthur.

ROBERT.

Et si votre oncle arrivait ici?

ARTHUR.

Il est à Londres, et il a la goutte!...

ROBERT.

Deux bonheurs pour un!...

ARTHUR.

Tu vois donc bien que je peux profiter de ma liberté pour m'amuser et dépenser mon argent. Au diable les études sérieuses! moi je trouve que j'en sais assez.

AIR : Pour qu'on m'appelle original. (Julien.)

Jusqu'ici j'ai traité sans cesse
La science en enfant gâté,
Et des beaux jours de ma jeunesse
L'étude a toujours profité.
Maintenant c'est une autre affaire,
Le tour du plaisir est venu.
Et je m'occupe à ne rien faire
Pour rattraper le temps perdu.

ROBERT.

C'est bien naturel... Mais où diable votre oncle a-t-il déterré un gouverneur de cette espèce-là? enfin il ne lui manque pas un seul ridicule!... ne s'est-il pas habillé à l'anglaise!... par flatterie pour son élève?...

ARTHUR.

M. Cogé! il vient des bords de la Tamise, où il était professeur de littérature française...

ROBERT.

Et il a repassé la Manche pour me tourmenter.

ARTHUR.

De quoi te plains-tu?... dans cet hôtel on te croit le neveu de lord Worsel, on te traite avec tous les égards dus à ton rang. . et moi, sous le nom de Williams, je ne passe que pour ton ami... tu as le plus beau rôle!...

ROBERT.

J'aimerais mieux le vôtre!

ARTHUR.

Comment! lorsque tant de gens paient pour être ins-
truits, toi on te paie pour t'instruire!...

ROBERT.

C'est de l'argent bien gagné!

ARTHUR.

Étudie, voilà tout ce qu'on te demande ; mais n'apprends
rien si tu veux...

ROBERT.

Tiens! je n'apprends rien non plus ; pas si bête!

ARTHUR.

Quant à moi, je me divertis ; je cours les sociétés, je
joue, je fais des conquêtes, je dépense, j'emprunte, enfin
je deviens un jeune homme de bon ton ; et c'est nouveau
pour un Anglais!

ROBERT.

Et votre cousine Fanny? elle est joliment oubliée dans
tout ça!

ARTHUR.

Ma cousine Fanny? ah! je l'aime toujours ; mais elle
est si jeune! on nous a promis l'un à l'autre dès l'âge de
dix ans ; je sais bien que ce n'est qu'une passion d'enfant;
mais c'est égal, c'est la première et le souvenir reste!...
Cela ne m'empêche pas de prendre du bon temps en atten-
dant que ma cousine grandisse.

ROBERT.

Allons, je vois que vous menez joyeuse vie, tandis que
moi j'ai toujours un vieux surveillant qui me suit partout
comme un recors, et qui me dorlotte comme un enfant...
et pourquoi ça, je vous le demande?

ARTHUR.

Parce que ta santé lui est précieuse!... Mon oncle lui
fait une rente viagère sur ma tête...

ROBERT.

Ah! je ne savais pas!... Est-ce votre oncle aussi qui a
imaginé ce que l'autre appelle mes récréations?

ARTHUR.

Tu as des récréations?

ROBERT.

Et de bien amusantes, je vous jure!... Le soir il me
mène tantôt à l'Athénée et tantôt à des cours de physique,
et puis il me cause des fausses joies... Une fois il me parle
d'aller dans une société, moi je croyais danser, j'étais déjà

content... Eh! bien, savez-vous dans quelle société je me
suis trouvé?

ARTHUR.

Non...

ROBERT.

Dans la société philotechnique...

ARTHUR, *riant.*

Ah! ah! ah! malheureux!...

ROBERT.

C'est à n'y pas tenir...

SCENE IV.

LES PRÉCÉDENS, ELISA.

ELISA, *tenant un plateau de thé.*

Milord! c'est votre déjeûner!

ROBERT.

Ah! Dieu soit loué! car je meurs de faim! (*regardant.*)
Qu'est-ce que c'est que ça?

ELISA.

Eh! bien, c'est du thé...

ROBERT.

Comment du thé?... et qu'est-ce qui vous a donné ça?

ELISA.

Votre gouverneur.

ROBERT

Et qu'est-ce qu'il mange donc, lui?

ELISA.

Des côtelettes, un perdreau aux truffes avec du vin de
Bordeaux.

ROBERT.

Un perdreau aux truffes! et il m'envoie du thé?... c'est
une infamie, une abomination!... (*à part, à Arthur.*)
vous voyez bien, monsieur, que je ne peux plus vivre avec
cet homme-là...

ELISA.

Milord, je trouve que votre maître a raison; c'est pour
votre santé; il dit que vous avez eu une nuit agitée...

ROBERT.

Moi !... des nuits agitées ?... jamais : je ne suis heureux qu'en dormant , et je ne serais pas assez bête pour perdre ce temps-là... Elisa, quoi qu'il en soit, vous me servirez un bon repas dans ma chambre. Qu'est-ce que c'est donc que ça ? .. du thé !... comme si un Bourguignon...

ARTHUR , *bas.*

Silence !...

ROBERT , *de même.*

Ah ! tiens, c'est vrai !... ma foi , monsieur , cherchez une autre victime... j'en ai assez...

ARTHUR , *lui donnant une bourse.*

Veux-tu te taire !...

ROBERT , *la soupesant et regardant Arthur avec surprise.*

Quand je dis que j'en ai assez , monsieur, il ne faut pas prendre ça au sérieux...

ARTHUR.

C'est bon...

ELISA , *a part.*

Mais qu'est-ce qu'ils ont donc toujours à chuchoter ensemble ?...

ARTHUR , *à Robert.*

Ah ! ça , sais-tu qu'elle est charmante la nièce de l'hôtesse ?

ROBERT.

J'espère, mon ami Williams, que cela vous est bien indifférent ?

ARTHUR.

Mais non... une jolie figure fait toujours son effet...

ELISA.

C'est juste.

ROBERT.

Eh bien ! il ne manquerait plus que ça !...

ARTHUR.

AIR du Carnaval (de Béranger.)

Mon cher ami , dans l'ardeur de m'instruire
Des mœurs, du ton qui règnent à Paris,
Sans examen je brûle et je soupire
Pour tous les yeux qui me semblent jolis.

ROBERT.

Ici pourtant, ah! remarquez de grace
Que j'ai le droit de m'en plaindre tout bas.

(*A part.*)
Dans vos ennuis lorsque je vous remplace,
Dans mes plaisirs ne me remplacez pas. (*bis.*)

ARTHUR, *prenant la main d'Elisa.*

Milord Arthur est bien heureux, ma belle enfant,
d'être servi par une main comme celle-là. (*Il veut l'embrasser.*)

ELISA, *la retirant.*

Laissez donc, monsieur, laissez donc!...(*à part.*) a-t-
il l'air mauvais sujet!... on voit bien qu'il n'est pas anglais celui-là!...

ROBERT.

Elisa, rentrez...

ELISA.

Oui, milord... tenez justement voilà votre professeur...
(*Elle sort par un cabinet.*)

ROBERT.

Ah! mon Dieu!... il faut reprendre la grammaire!...
voilà le plaisir qui commence!... (*Il va s'asseoir à la
table.*)

SCENE V.

LES PRÉCÉDENS, COGÉ.

COGÉ, *tenant une grammaire.*

AIR : Bocages que l'aurore.

Savant élémentaire
Qu'on chérit en naissant,
L'Homond, que ta grammaire
Amuse en instruisant!
Par toi la faible enfance
Commence à raisonner,
Et la douce innocence
Apprend à décliner...! (*bis.*)

(*Aux jeunes gens.*) Ah! vous voilà ensemble... bonjour milord, serviteur M. Williams.

ARTHUR.

Bonjour au docte M. Cogé, le modèle des gouverneurs!..

ROBERT, *à part.*

Joli modèle!...

COGÉ.

Le modèle!... oui, monsieur, puisque je suis le seul qui ait conservé pures les doctrines de l'Université... on pourrait m'appeler une tradition vivante...

ARTHUR.

Il est vrai que vous avez été long-temps dans l'instruction publique...

COGÉ.

Trente ans, M. Williams... trente ans, et toute ma famille avant moi; mon père et mon aïeul ont été correcteurs à Montaigu, ainsi que mon grand oncle, le célèbre professeur Cogé... qui a formé les plus grands hommes du siècle de Louis XV... ce bon M. Nonotte et cet excellent M. Patouillet.

ARTHUR.

Ah ! ça, mais pourquoi avez-vous donc quitté l'instruction publique?

COGÉ.

A l'époque des ci-devant lycées... ne voulait-on pas me forcer d'enseigner à mes élèves l'exercice à feu? portez arme ! présentez arme !... comme ça m'allait... ciel, quel temps !

AIR : Vos maris en Palestine.

Adieu notre discipline,
Mes élèves en soldats,
Armés d'une carabine
Marchaient assez bien au pas,
Mais ils n'étudiaient pas.
A leur tête en conscience
Pouvais-je rester encor?
On aurait vu *proh pudor !*
Un professeur d'éloquence
Devenir tambour-major.

ARTHUR.

Alors vous vous êtes retranché sur les éducations particulières ?

COGÉ.

Et j'ose dire que mes succès ont été brillans. Tous mes écoliers m'ont fait de l'honneur, des agens de change, des notaires, des ambassadeurs....

ROBERT, *à part.*

Et des domestiques!

ARTHUR.

Et votre nouvel élève en êtes-vous content?

COGÉ.

Comme ça, comme ça... nous n'avançons pas... et je me repens d'avoir, d'après votre avis, envoyé à lord Worset les rapports les plus flatteurs sur les progrès de son neveu...

ARTHUR.

Vous y mettiez aussi un peu d'amour-propre.

COGÉ.

J'en conviens... je tiens à ma réputation... C'est que l'éducation est une chose si délicate, M. Williams! Son oncle aussi me met dans un furieux embarras, il m'annonce un jeune homme qui a fait ses humanités, et au lieu de cela je trouve, comme on dit en anglais, *criel foul*, ce qu'on pourrait traduire par un véritable imbécille.

ARTHUR.

Lord Worset a payé pour faire instruire son neveu, et son neveu...

COGÉ.

N'a rien appris, c'est juste; il est venu là comme on dit pour essuyer les bancs... Ce que nous appelions un cancre...

ROBERT.

Merci!

COGÉ.

Ciel! si son oncle venait jamais nous surprendre... à l'improviste... que dirait-il alors!... Dieu! je le vois d'ici, m'apostrophant d'un air sévère... lâche complaisant...... mentor prévaricateur!...

ARTHUR.

Rassurez-vous, je suis là pour rendre témoignage de votre zèle.

COGÉ.

Ah! milord vous devra aussi des remercîmens... je lui ai parlé de vous dans mes lettres; il sait qu'un jeune homme anglais aussi laborieux qu'instruit stimule son neveu par son exemple, ses conseils...

ARTHUR.

Vous êtes trop bon... je vous laisse morigéner cette tête indocile. Des amis m'attendent à déjeûner chez Tortoni, et vous connaissez ma ponctualité... c'est le fruit des sciences exactes. (*à Robert, en lui frappant sur la tête.*) Allons, instruisez-vous donc, monsieur l'ignorant!...

(*Il sort.*)

SCENE VI.

ROBERT, COGÉ.

COGÉ.

Entendez-vous le nom qu'il vous donne ?

ROBERT.

Oui.

COGÉ.

Il vous a nommé tête indocile.

ROBERT.

Je sais bien.

COGÉ.

Et vous souffrez...

ROBERT.

Je ne peux pas faire autrement.

COGÉ.

En plus outre , il vous a appelé ignorant ..

ROBERT.

Qu'est-ce que ça me fait, ça vous regarde plus que moi ; vous êtes chargé de me rendre savant.

COGE.

Vous avez sans doute beaucoup plus d'esprit que lui...

ROBERT.

C'est ce que je dis , moi !

COGÉ.

Le vôtre est d'une meilleure école, et même vos manières sont plus distinguées...

ROBERT.

Vous trouvez ?

COGÉ.

On voit que vous appartenez à une des meilleures familles de la Grande-Bretagne, de l'aisance, de la noblesse...

ROBERT.

C'est que j'ai eu des maîtres de la plus haute volée.....

COGÉ.

Cela se devine ; mais le temps se passe... si nous nous mettions à conjuguer un petit peu ? voyons, un verbe de votre choix. (*il s'assied à la table.*)

ROBERT, *bâillant.*

Je m'ennuie!...

COGÉ.

Je m'ennuie, soit... c'est un verbe réfléchi.

ROBERT.

Ça m'est bien égal...

COGÉ.

On dit en anglais...

ROBERT.

Ah! vous savez que je ne dois entendre ni prononcer aucun mot d'anglais... tant que je serai en France je ne parlerai que le français... (*à part.*) pour bien des raisons!...

COGÉ.

Il est vrai... c'est l'ordre de votre oncle. Dans le fait c'est le moyen de se familiariser plus vite avec une langue quelconque... Voyons donc : indicatif présent : je m'ennuie...

ROBERT.

Oui, je m'ennuie!...

COGÉ.

Tu t'ennuies, il s'ennuie, nous nous ennuyons...

ROBERT.

Vous m'ennuyez...

COGÉ.

Non, non, vous vous ennuyez, c'est vous qui vous ennuyez...

ROBERT.

Ah! oui, par exemple! quel métier... (*à part.*) j'aimerais mieux frotter des appartemens! (*il se lève.*) Je ne veux plus étudier, moi!...

COGÉ, *le poursuivant.*

Milord, il faut absolument...

ROBERT, *en colère.*

Non, monsieur, c'est trop fort aussi!... vous voulez m'abrutir par l'instruction!...

COGÉ.

Mais au contraire...

ROBERT.

Pourquoi vous acharner après un malheureux jeune homme?...

COGÉ.

Pour vous rendre savant comme moi!...

ROBERT.

Quand vous m'aurez rendu imbécille tout-à-fait... vous en serez bien plus avancé !

COGÉ.

Ah ! mon élève, il y a rébellion !

ROBERT.

C'est vous qui êtes dans votre tort.

COGÉ.

Vous croyez ? alors je cède.

ROBERT.

A la bonne heure... je vous pardonne !...

COGÉ.

Bien obligé. (*à part.*) Voilà pourtant comme nous étudions tous les jours !

SCENE VII.

LES MÊMES, **UN DOMESTIQUE.**

LE DOMESTIQUE, *une lettre à la main.*

M. Arthur... c'est une lettre pour vous...

ROBERT.

C'est bon. (*Il jette la lettre sur la table.*)

COGÉ.

Eh bien, vous ne la lisez pas ?

ROBERT.

J'ai le temps ; ce n'est pas pressé...

COGÉ.

Que vois-je ? le timbre de Calais !... cette lettre vient probablement d'Angleterre... si elle était de votre oncle ?.. lisez... c'est peut-être une affaire majeure...

ROBERT, *à part.*

Ma foi, j'y suis forcé ; mon maître ne pourra me blâmer... Diable, c'est en anglais... je ne suis pas indiscret.

COGÉ.

Comment se porte milord Worset ? Quelles nouvelles de Londres ?

ROBERT.

Pas grand chose.., voyez...

COGÉ, *lisant.*

Ah ! c'est de Milord lui-même !... ciel ! il arrive à Paris !...

ROBERT, *avec joie.*

Vraiment?...

COGÉ.

Vous n'avez donc pas tout lu?... Voyez la date... *Saturday...* c'est aujourd'hui.

ROBERT.

Bah! c'est aujourd'hui saturday?

COGÉ.

Dieux! quelle nouvelle!... Quel coup de foudre!... que faire?... que devenir?...

ROBERT.

Ah! que je suis content!... (*à part.*) mon rôle est fini, et je vais toucher ma récompense!...

COGÉ, *agité.*

Ma situation se complique!... votre ignorance... mes faux rapports... tout est perdu... tout est consommé... Cogé! malheureux Cogé!...

AIR : Ce que j'éprouve en vous voyant.

Quelle philippique m'attend,
La perte de ma place est sûre.
ROBERT, *à part.*
Adieu grammaire, adieu lecture,
Je vais donc reprendre gaîment
Mon privilége d'ignorant.
COGÉ.
Ah! si du moins dans ma disgrace,
Je conservais mon traitement.
ROBERT.
Moi je suis plus heureux, vraiment!
Les honoraires de ma place
Je les reçois en la perdant.

COGÉ.

Quelle perplexité!... j'en perds la tête... je vais réfléchir aux moyens de nous tirer d'embarras... mais je ne me trompe pas... On parle sur l'escalier?... c'est peut-être déjà lui!... suivez-moi, mon élève, car ainsi que le dit Plaute.... *jacent rationes;* les raisons sont difficiles à trouver, ou, si vous l'aimez mieux, je ne sais plus que dire.
(*Il entre dans le cabinet avec Robert.*)

SCENE VIII.

LORD WORSET, FANNY, ELISA.

ELISA, *les introduisant.*

Par ici, milord... par ici.

WORSET.

Viens, ma chère Fanny; ton cœur n'aura bientôt plus rien à désirer...

ELISA.

Excusez, milord, si c'est moi qui vous reçois; mais ma tante, la maîtresse de l'hôtel, n'est pas là pour le moment... du reste le service n'en souffre pas... vos domestiques seront bien traités, et vous-même, milord, vous n'aurez rien à désirer... Nous tenons table d'hôte, mais si milady voulait se faire servir chez elle, tout ici sera à ses ordres.... Voilà votre appartement, milord. (*Elle montre la chambre à gauche.*)

WORSET.

Je vous remercie, mademoiselle, laissez-nous, je vous prie...

ELISA, *à part.*

Ils ont l'air d'être très riches et très honnètes; seulement je trouve que le mari est trop vieux et que la femme est trop jeune. (*Elle sort.*)

SCENE IX.

LORD WORSET, FANNY.

FANNY.

Me voilà donc à Paris! sous le même toît que mon cousin!...

WORSET.

Silence!... tu sais bien que nous devons le surprendre!.. lorsque je lui amène d'Angleterre une jolie prétenduc. ... il est bien convenu que je veux savoir avant de la lui donner, s'il en est digne; le mystère est donc nécessaire à l'exécution de nos projets.

FANNY.

Ah! mon père, qu'allez-vous faire? il est peut-être
dangereux de chercher à pénétrer la conduite d'un étourdi!..
et si par malheur vous alliez découvrir des choses...

WORSET.

Je ne pardonnerais rien, je ne veux pas être trompé...

FANNY.

Ni moi non plus, mon père; mais il faut vous rappe-
ler qu'Arthur ne m'a connue qu'enfant, nous avons été
élevés ensemble... ah! je m'en souviens toujours, moi!...
mais lui, lancé dans le grand monde... si jeune...

WORSET.

Comment, dans le grand monde? j'espère bien qu'il n'y
va pas sans son professeur...

FANNY.

Oh! sans doute!... pourtant à Paris... J'espère comme
vous cependant, qu'il pense encore à sa cousine..... c'est
peut-être aussi parce que je le désire!

AIR : **Mes yeux disaient tout le contraire.**

Ah! s'il avait trahi sa foi,
Excusant son humeur légère,
J'aurais la force, croyez-moi,
De pardonner et de me taire;
Mon cousin est toujours chéri!
Dans un hymen comme le nôtre,
J'aime mieux me plaindre de lui
Que d'être heureuse avec un autre.

WORSET.

Voilà une indulgence qui ne me convient pas du tout;
j'ai acquis une fortune considérable, je veux qu'elle soit
bien placée; je sais mieux qu'un autre toutes les peines
qu'elle m'a coûté! je me souviens de mes voyages; aussi
je te jure que votre mariage ne se fera qu'après d'amples
informations. Mais tu dois avoir besoin de repos, en-
trons ensemble dans cet appartement et voyons d'abord
M. Cogé, avant qu'Arthur soit instruit de ton arrivée à
Paris.

ENSEMBLE.

AIR de Rossini.

De l'aventure
Oui, je le jure,

Ton }
Mon } cousin ne peut se douter ;
Et par prudence,
L'hymen d'avance
Saura du moins sur quoi compter ;
Avec lui nous allons compter.

(*Ils entrent dans le cabinet.*)

SCENE X.

ARTHUR , *entrant par le fond.*

Quel déjeûner ! les convives s'aigrissent,
C'est un duel qui va le terminer,
Quand si souvent tant d'affaires finissent
Joyeusement par un bon déjeûner.
Quelle aventure !
Ah ! je le jure,
Qui pouvait jamais s'en douter ?
Mais on m'offense ,
Et ma vengeance
Saura du moins sur qui compter ;
Et je dois ici l'emporter.

SCENE XI.

ARTHUR , ROBERT , *sortant du cabinet.*

ROBERT.
C'est vous, Monsieur, savez-vous la nouvelle ?
Un incident qui va tout découvrir,
Votre oncle arrive et ma crainte est mortelle,
ARTHUR.
Mon oncle ! ô ciel, qu'allons-nous devenir !
ENSEMBLE.

ARTHUR.	ROBERT.
Quelle aventure, etc.	Quelle aventure !
	Ah ! je le jure,
	Qui pouvait jamais s'en douter ?
	Pour moi, d'avance
	Bientôt, je pense,
	Je vais savoir sur quoi compter,
	Et tous deux nous allons compter.

ARTHUR.

Comment, mon oncle est en route pour Paris?...

ROBERT.

Mieux que cela , il est arrivé.

ARTHUR.

Et moi qui me bats dans une heure !...

ROBERT.

Deux malheurs à la fois , un duel et un oncle.

ARTHUR.

Qu'allons-nous faire ?

ROBERT.

Il faut tout avouer à M. Cogé...

ARTHUR.

Pas du tout !... pour quelques jours peut-être que mon oncle passera ici , je renoncerais à ma liberté , à mes plaisirs1 il m'emmènerait à Londres avec lui !... oh ! j'ai un autre projet !...

SCENE XII.

LES PRÉCÉDENS , COGÉ.

COGÉ , *en désordre.*

Mes amis, je suis tout tremblant !... il est là ! Elisa l'a vu !... que devenir! ah ! M. Williams , nous sommes perdus !...

ARTHUR.

Non pas encore... si vous voulez consentir...

COGÉ.

Vous auriez trouvé un moyen quelconque ?... expliquez-vous.

ARTHUR.

Lord Worset n'a pas vu son neveu depuis dix ans , l'oncle a fait un voyage dans l'Inde...

COGÉ.

Je le sais...

ARTHUR , *montrant Robert.*

D'ailleurs , Arthur a passé sa vie dans les universités , et nous pouvons... mais j'entends la voix de milord..... laissez-moi faire , et quelque bizarre , quelque inexplicable que vous paraisse ma conduite , agissez et dites toujours comme moi.

SCENE XIII.

LES PRÉCÉDENS, **LORD WORSET.**

WORSET.

Où est-il ? où est-il ? ce cher neveu...

ARTHUR, *se jetant dans ses bras.*

Mon oncle ! mon cher oncle !

ROBERT, *bas à Cogé.*

Tiens ! ce n'est pas si bête...

COGÉ, *idem.*

Oui, mais c'est bien risqué.

WORSET.

Pardon, Messieurs, si je ne vous ai pas salué d'abord, mais les premiers épanchemens...

COGÉ.

C'est trop naturel, milord ! (*à part.*) Le pauvre homme s'il savait !... Qu'on vienne donc après ça nous parler de la voix du sang !

WORSET.

Mais, mon cher Cogé, quel est ce Monsieur ?

COGÉ, *embarrasse.*

Milord !...

ARTHUR.

Mon oncle... c'est M. Williams, cet ami...

WORSET.

Dont ton gouverneur me parlait tant dans ses lettres ?... Monsieur, enchanté de faire connaissance avec un jeune homme si instruit...

COGÉ, *bas à Robert.*

Surtout ne vous avisez pas de parler. (*haut.*) Milord, permettez ? (*présentant Robert.*) saluez donc...

ROBERT.

J'ai bien l'honneur d'être...

WORSET.

Pas de cérémonie. Eh bien ! mon neveu, où en sommes-nous, de nos études ? (*il regarde les livres.*) que vois-je un rudiment, un traité d'arithmétique !...

COGÉ, *à part.*

Nous voilà pris !

ARTHUR , *embarrassé*.

C'est qu'hier, en regardant ma bibliothèque, j'ai re-
trouvé ces reliûres en parchemin, et ce n'est pas sans plaisir
que j'ai revu ces amis de collége...

COGÉ , *vivement*.

Je suis comme lui , milord; plus je vieillis plus j'aime
les livres de mon enfance; ce sont nos véritables maîtres
muets : *muti magistri!*

ARTHUR.

Comment, mon oncle, vous vous imaginez... parlez-
moi de chimie , de physique , d'astronomie...

WORSET.

L'astronomie! c'est ma passion.

COGÉ.

Grande et belle science !

WORSET , *à Robert*.

Vous l'aimez sans doute aussi?

ROBERT.

L'astrologie ?... comment donc ?... c'est très drôle !...

WORSET.

Et maintenant vous avez en France des astronomes...

ROBERT.

Mathieu Lansberg !

WORSET , *riant*.

Ah ! ah ! ah ! c'est une plaisanterie.

COGÉ.

Et même d'assez mauvais goût.

WORSET.

Puisque me voilà à Paris , entre plusieurs curiosités de
ce genre , je veux voir le zodiaque de Denderah , dont
nous n'avons eu à Londres que le dessin. (*à Robert.*) Qu'en
dites-vous, du zodiaque de Denderah?

ROBERT , *à part*.

Ah ! diable, c'est de l'anglais ça , il faut se tenir. (*haut.*)
Ce que j'en dis?... ça vous étonnerait peut être beaucoup...
demandez à M. Cogé...

COGÉ.

Mon opinion , milord...

WORSET.

Oh ! je devine la vôtre.

ARTHUR.

Moi, mon oncle ?...

WORSET.

Toi, tu as celle de ton gouverneur ; c'est tout simple...
mais c'est l'avis de M. Williams....

COGÉ, *à Arthur.*

Oh ! quelle épreuve !

WORSET, *à Robert.*

Pensez-vous comme moi ?...

ROBERT.

Oui ! oui, je pense comme vous...

WORSET.

Je soutiens que le dessinateur a commis une faute
grossière... On a très mal placé le signe de la balance...

ROBERT.

C'est ce que j'ai toujours dit !... il faut changer ce
signe-là !...

COGÉ.

Dans l'antiquité cependant...

ARTHUR.

Mon système est que sous Sésostris...

ROBERT.

Après ça, moi je n'y tiens pas !... car dans le fait...

WORSET.

Vous avez tort...

ROBERT.

Tout ça dépend de l'idée qu'on y attache...

COGÉ.

Et il y aura toujours des gens...

ROBERT.

Qui n'y comprendront rien du tout.

WORSET.

Parce que ?...

ARTHUR, *à part.*

Singulière discussion.

ROBERT.

Ah ! parce que !...

COGÉ.

C'est un faux système...

ARTHUR.

Mon oncle, je vous prouverai quand je voudrai...

SCENE XIV.

LES MÊMES, LE DOMESTIQUE.

LE DOMESTIQUE, *à Robert.*

Il y a à la porte dans une voiture deux messieurs avec des épées... ils vous demandent tout de suite...

ROBERT, *étonné.*

Moi !

LE DOMESTIQUE.

Oui, vous-même, monsieur.

WORSET.

Des gens avec des épées ?... que signifie ?...

ARTHUR, *bas à Robert.*

C'est sans doute pour mon duel...

ROBERT, *idem.*

Eh bien ! ne faut-il pas encore que je vous serve de remplaçant ?

WORSET.

Mais qu'avez-vous donc ?...

COGÉ.

Oui, pourquoi ce trouble ?...

ARTHUR, *à Robert.*

J'en suis désolé, mon cher, mais je me vois forcé de tout avouer ; mon oncle ne pourra t'en vouloir. (*à Worset.*) Il faut que vous sachiez que Williams est un peu étourdi... son esprit, sa tournure font sensation dans le monde...

COGÉ, *à part.*

Il ne sort jamais !

WORSET.

Eh bien ?...

ARTHUR

Eh bien !... on lui a cherché querelle... un mari jaloux, vous devinez... bref il se bat aujourd'hui et je suis son témoin...

COGÉ.

Qu'entends-je ? milord, nous ne devons pas permettre... que des spadassins...

WORSET.

Que voulez-vous... il est des préjugés trop enracinés.

AIR : De la petite sœur.

On se bat avec un Français
Quand à sa femme on a su plaire ;
Aux tribunaux en Angleterre,
Lorsqu'un mari prouve les faits ,
Son rival doit le satisfaire
   En numéraire.
Ainsi de ce faux point d'honneur
On ne peut fuir la tyrannie,
Partout l'amour a du malheur ,
Et l'hymen toujours au voleur
Demande la bourse ou la vie.

COGÉ.

Ah ! ça devrait bien retenir la jeunesse ! (à Robert.) Mais comment se fait-il donc ?...

WORSET, à Arthur.

Toi, Arthur, je ne suis pas d'avis que tu te trouves là.... (à Robert.) Je serai votre témoin, moi, jeune homme, si vous le permettez...

ARTHUR.

Vous, mon oncle !... Je ne souffrirai jamais...

WORSET.

J'ai peur que vous ne soyez imprudent...

ARTHUR.

Soyez tranquille !... on a perfectionné tout cela .. quelques mots d'explication , l'éloquence des témoins arrange l'affaire , et le lendemain on dit partout : Je me suis battu. (à Robert.) Partons, Williams !

COGÉ, retenant Robert.

Mon ami , je ne vous quitte pas...

WORSET.

Y pensez-vous ?...

COGE.

Allez donc, puisqu'on ne peut pas s'opposer... surtout point d'imprudence, il faut savoir reculer à propos...,

ROBERT.

Oh ! je ne crains rien...

COGÉ.

Embrassez - moi, mon ami ! (Robert l'embrasse et sort avec Arthur.)
(Cogé à part.) Pour la dernière fois , peut - être !... Dieux ! et ma pension viagère !...

SCÈNE XV.

COGÉ, LORD WORSET.

WORSET.

Calmez-vous donc, M. Cogé !...

COGÉ.

Ah ! je suis bouleversé !...

WORSET.

Après tout, ce n'est pas votre élève, et votre respon-sabilité est à couvert...

COGÉ.

A couvert ? sans doute... (*à part.*) S'il savait !...

WORSET.

Vous semblez porter de l'intérêt à M. Williams ? Je crois que vous l'avez mal jugé...

COGÉ.

Comment, milord ?...

WORSET.

Son éducation m'a paru très négligée, et ses manières sont très communes. Parlez-moi d'Arthur... à la bonne heure ! son esprit, son instruction, ses manières... tout fait honneur à son professeur.

COGÉ.

Vous êtes trop bon... je ne mérite pas...

WORSET.

Apprenez donc le véritable motif de mon voyage à Paris. Depuis long-temps je destine à ce neveu la main de miss Fanny, sa cousine ; je l'ai amenée avec moi et je vais les unir...

COGÉ, *étonné.*

Comment, milord ?... (*à part.*) Ah ! quelle nouvelle tribulation...

WORSET.

Je suis satisfait de sa raison et de sa bonne conduite.... Qui sait d'ailleurs... je dois faire un voyage en Amérique, et je veux assurer le sort de ma fille.

AIR : Mon cœur à l'espoir, etc.

Sur moi tout son bonheur se fonde.
Je la marie avant que de partir.
Qui s'embarque pour l'autre monde
N'est pas certain d'en revenir.

Oui chez elle je vais la prendre
Pour vous la ramener ici ;
On s'ennuie aisément d'attendre
Lorsque l'on attend un mari.

Sur moi, etc.

(*Il rentre.*)

SCENE XVI.

COGÉ, *seul.*

O ! déplorable situation... quel enchaînement de men-
songes !... un jeune homme que j'ai présenté comme un
puits de science, et qui ne sait pas distinguer un verbe
d'un nom !... et cette supposition criminelle !... et mon
élève, qui n'est plus mon élève... Williams !... ce duel...
car c'est ma pension qui se bat !... Arthur... ce mariage !...
tout est mêlé... tout est confondu... je ne m'y reconnais
plus moi-même ; mais c'est un parti pris ; j'ai renié mon
disciple, pour l'honneur de l'Université... mais pour l'honneur de l'Université je ne dois pas placer un intrus dans
une noble famille... Il est temps de parler... tout m'en fait
une loi... la délicatesse... la loyauté... et l'article 345 du
Code pénal.

SCENE XVII.

COGÉ, ARTHUR, ROBERT.

COGÉ.

Ah ! Dieu soit loué !... je les revois... ô bonheur ! mon
élève m'est rendu !...

ARTHUR.

Il n'y a personne de mort...

COGÉ, *à Robert.*

Vous n'êtes pas blessé ?

ROBERT.

Dam ! vous voyez...

COGÉ.

Que ceci vous serve de leçon, jeune étourdi ! mais n'en

parlons plus... Il s'agit bien d'autre chose... les affaires se sont terriblement embrouillées... Sachez que milord...

ARTHUR.

Eh bien ?...

COGÉ.

Il n'est pas venu seul; miss Fanny, sa fille, est avec lui; et avant de partir... (*à Robert.*) il vous marie!

ROBERT.

Ça me fera beaucoup d'honneur !

ARTHUR.

Quoi! Fanny est à Paris ? quel bonheur !...

COGÉ.

Et que vous importe, à vous ?..,

ARTHUR.

Ah!... c'est que je la connais aussi... et que je l'aime à la folie.

COGÉ., *à Robert.*

Dites donc, milord, il l'aime à la folie... Et vous souffrez cela ?

ROBERT.

Je m'en moque pas mal !

COGÉ.

Vous êtes fort original!

ROBERT.

Je suis comme ça, moi... Je ne tiens pas à mon bien... Ce que j'ai appartient à mes amis...

COGÉ.

Dieux! que c'est philosophique.

ARTHUR, *riant.*

Ah ! si vous saviez tout !... Mais de la prudence!...

COGÉ.

M. Williams, il faut que nous nous concertions ensemble pour sortir du labyrinthe où nous nous sommes engagés; venez dans ma chambre, je vous prie, pour que je vous communique mes idées à ce sujet... Venez. (*il rentre.*)

ARTHUR.

Volontiers, M. Cogé. (*à part à Robert.*) Tu me préviendras quand Fanny paraîtra.

ROBERT.

Je l'attendrai ici. (*Arthur entre avec Cogé.*)

SCENE XVIII.

ROBERT , *seul.*

Me voilà donc bientôt rendu à la société, c'est-à-dire à l'antichambre : vive l'amour et la livrée! je ne sors plus de là.

A<small>IR</small> : De Caroline.

Vive l'ignorance!
De lumière on se passe très bien,
Et la science
Ne rapporte rien.

Grammaire en avant,
Froid rudiment,
Vite morbleu
Allez au feu ;
Je ne peux craindre
En vous jetant que de l'éteindre.
Lallemant, Boudot,
Lhomond , Restaut,
Prouvons gaîment
En vous brûlant
Que la fumée
Est le prix de la renommée.

Vive l'ignorance , etc.

Que d'auteurs nouveaux
Par leurs rivaux
Dans nos journaux
Sont attaqués,
Ou critiqués
Par des lecteurs trop difficiles !
Les savans
Vivans
Sont mal jugés,
Les morts souvent sont outragés :
Plus heureux
Qu'eux,
On ne dit rien des imbéciles.

Vive l'ignorance , etc.

(*Il jette successivement tous les livres au feu.*)

SCENE XIX.

ROBERT ELISA.

ROBERT.

Tout est au feu, ma chère Elisa!... Je n'en ai sauvé qu'une plume... pour signer mon contrat de mariage!...

ELISA.

Eh bien! votre oncle consent-il?... j'ai toujours eu peur des oncles.

ROBERT.

Le nôtre est bon enfant... mais pourtant je ne dois rien brusquer, parce qu'il pourrait bien se fâcher.

ELISA.

Se fâcher? et pourquoi?.. Je ne sais pas, mais j'ai dans l'idée que vous cherchez des détours..

ROBERT.

Quel soupçon! Elisa, je vous ai promis de vous épouser, et vous serez épousée.

ELISA.

Légitimement?

ROBERT.

Toujours; mais il y a empêchement pour ce moment-ci...

ELISA.

Alors je veux savoir...

ROBERT.

Au contraire, c'est que vous ne devez rien savoir... (*à part.*) J'aperçois milord, allons prévenir mon maître... (*Il fait quelques pas.*)

ELISA, *le retenant.*

Eh bien, vous vous en allez... vous me laissez là dans le bon moment?...

ROBERT.

Objet de ma passion, calmez-vous.

AIR : Daignez m'épargner.

Mon amour n'est point refroidi ;
Mais il faut qu'on me débarrasse
D'une charmante milady
Qui voudrait prendre votre place.

ELISA.

Ciel! que dites vous?...

ROBERT.

C'est très vrai ;
Elle est belle, riche et modeste,
Pourtant je la refuserai,
Ce soir je vous épouserai...
Et plus tard vous saurez le reste.

(*Il se sauve.*)

ELISA, *seule.*

Une milady ! je suis sûre que c'est cette jeune dame qui est venue ici ce matin !... (*pleurant.*) Ah! mon Dieu! c'est donc vrai que les Anglais ne valent pas mieux que les autres !...

SCENE XX.

ELISA, LORD WORSET, FANNY.

WORSET.

Et que vous ont-ils fait ?...

ELISA, *pleurant.*

Milord, on m'a défendu de vous parler, mais puisqu'on me trahit, je vais tout dire, moi.

FANNY.

Elle m'intéresse.

WORSET.

Parlez.

ELISA.

On me nomme Elisa, je suis la nièce de l'hôtesse, comme vous savez, et de plus j'ai toujours été sage et modeste...

WORSET.

J'en suis persuadé.

ELISA.

Monsieur votre neveu, depuis six mois qu'il loge ici, a cherché à me plaire et il y a réussi...

WORSET.

Mon neveu ?...

FANNY.

Arthur ?...

ELISA, *pleurant.*

Oui ! Arthur, l'Anglais du n° 9.

WORSET.

Comment se fait-il ?...

ELISA.

Le voici :

AIR de Léocadie.

Il est galant, il est aimable,
Il vient me chanter chaque jour.
Ah! que l'amour est agréable,
Ou la romance *c'est l'amour.*
Un esprit si brillant, si tendre
Sur un cœur simple a de l'effet ;
Le mien, hélas! s'est laissé prendre,
Et voilà comme ça s'est fait.

FANNY.

Est-il possible ?

ELISA.

J'ai une promesse de mariage...

WORSET, *furieux.*

Est-il bien vrai ?... mais c'est abominable !.... M. Cogé
ne risque rien !...

FANNY.

Je l'avais prévu, mon père...

WORSET.

Quelle indignité !... qu'il ne se présente jamais devant
moi !...

SCENE XXI.

LES PRÉCÉDENS, ARTHUR.

ARTHUR, *accourant.*

Ah! ma chère cousine...

WORSET.

Monsieur ! votre conduite est affreuse !...

ARTHUR.

Comment ? qu'avez-vous donc ?...

WORSET.

Vous osez le demander ?

FANNY.

En présence de mademoiselle ?

ELISA.

Je n'y suis pas du tout, moi !

WORSET.

Vous devriez rougir !... vous ne voyez pas cette jeune
fille?

ARTHUR.

Eh bien ! c'est mademoiselle Elisa...

FANNY.

Pour qui vous m'avez trahie !...

ELISA.

Mais ce n'est pas lui... il n'est pas votre neveu.

WORSET.

Comment! comment !

ARTHUR.

Mon oncle...

SCENE XXII.

LES PRÉCÉDENS, COGÉ.

COGÉ, *criant.*

Milord ! Milord !...

WORSET.

Ah ! vous voilà , M. le gouverneur ? vous expliquerez-
vous enfin?

COGÉ.

Tout ce que vous voudrez, Milord. (*à Worset, montrant Arthur.*) Monsieur est un jeune homme plein d'esprit et d'instruction... mais il n'est point mon élève... il
n'est point votre neveu !

WORSET ET FANNY.

Ah! c'est trop fort !...

ELISA.

Non! ce n'est pas votre neveu....

COGÉ.

Et je vais vous le chercher. (*Il court chercher Robert
dans le cabinet et le ramène sans le regarder.*)

SCENE XXIII.

LES PRÉCÉDENS, **ROBERT**, *en livrée.*

COGÉ, *le tenant par la main.*
Votre véritable neveu, le voilà!...
TOUS, *étonnés.*

Ah!
ELISA.
Tiens!... il s'est déguisé!...
COGÉ.
Ah! Monsieur, quel costume!...
ROBERT.
C'est le mien... Je rentre dans mes fonctions.
ARTHUR.
Et il reprend sa livrée.
WORSET.
Sa livrée?... M. Williams?...
ARTHUR.
Oui! mon cher oncle, j'aime l'étude, mais j'aime aussi ma liberté; je redoutais un gouverneur, mon domestique ne craignait pas un maître de plus... et il est devenu l'élève du respectable M. Cogé...
COGÉ.
O! Dieux vengeurs! dans quelle embûche je suis tombé!... c'est une conspiration infernale!... mais une punition exemplaire...
FANNY.

Oh! mon père!...
WORSET, *à Arthur.*
La supercherie est un peu forte; mais je suis content de ton instruction, et comme je n'ai que deux jours à passer ici, je n'ai pas le temps de me fâcher.
COGÉ.
Et j'étais le précepteur d'un laquais!
ROBERT.
Purement et simplement.
COGÉ.
Ah! je suis couvert de confusion : *à capite ad calcem!*
ELISA.
Et moi, faut-il que j'aie du malheur... (*à Robert.*) Te-

nez, voilà votre promesse de mariage... je n'épouserai jamais un domestique.

ROBERT.

J'en suis désespéré... mais je ne peux pas vous offrir mieux.

ELISA.

Heureusement qu'il y a d'autres Anglais dans l'hôtel !

ARTHUR.

Robert, tu auras la gratification promise.

ROBERT.

Elle m'est bien due, Monsieur... Un sot qui ne veut pas sortir de son état est une chose si rare que ça mérite une récompense. Ainsi chacun reprend sa place.

VAUDEVILLE.

ELISA.

AIR : Et voilà comme tout s'arrange.

La fille d'un ancien portier,
A vingt ans brillante et volage,
Occupait tout notre premier ;
A trente ell' monta d'un étage ;
Le troisième, succède au second ;
Mais arrive une autre disgrace,
A cinquante ans de la maison,
Sa main ressaisit le cordon...
Voilà comme on reprend sa place.

ROBERT.

Je servais un jeune élégant,
Qui, tous les jours prenant sa course,
Dans un cabriolet brillant
Allait spéculer à la bourse ;
L'un et l'autre on les admirait,
Mais aujourd'hui quelle disgrace
Le maître n'est plus qu'un valet,
Et le brillant cabriolet
Est un cabriolet de place.

COGÉ.

Je ne critique point les vers
Enfantés par le romàntique ;
Mais sous la bannière où je sers
J'ai vécu, je mourrai classique.

Pour créer un genre nouveau
On réforme le vieux Parnasse,
Ah! malgré ce projet si beau,
Horace, Virgile et Boileau!...
On ne prendra pas votre place.

WORSET.

Un alderman de la cité
Fut long-temps d'une humeur hautaine
Il nous parlait avec fierté;
On ne l'abordait qu'avec peine:
Tout à coup il devient meilleur,
S'adoucit, sourit avec grace,
Parle de justice et d'honneur...
Qui donc a pu changer son cœur?
C'est qu'il vient de perdre sa place.

ARTHUR.

Au milieu des adorateurs,
Voyez cette beauté légère:
Chacun convoite ses faveurs,
Et tous se vantent de lui plaire.
Pour ceux qu'enflamment ses appas
Un doux regard est une grace;
Mais les mieux vus perdent leurs pas:
Celui qu'on ne regarde pas
A toujours la meilleure place.

FANNY, *au public.*

Sur la pièce qu'on offre ici
L'auteur ne s'en fait pas accroire,
Mais il voudrait qu'elle eût aussi
Sa place... dans le répertoire;
J'approuve ses désirs secrets,
Et loin de blâmer son audace,
Moi, pour assurer son succès,
Et pour applaudir ses couplets
Je voudrais être à votre place.
Ah! que ne suis-je à votre place!

FIN.

On trouve chez le même libraire toutes les pièces de théâtre tant anciennes que nouvelles, et entre autres, celles ci-dessous dont il est éditeur :

Le Roman par lettres, vaud. en 1 acte, par MM. Decourcy, Gustave et Rougemont.

Le petit Bossu, vaud. en 1 acte par MM. Brazier et Dumersan.

Les Entrepreneurs, vaud. en 1 acte par MM. Brazier, Dumersan et Gabriel.

Le Marchand de Parapluies, vaud. en 1 acte par MM. Désaugiers, Lafontaine et Emile Vanderburck.

Alice, ou les six Promesses, par MM. Dupeuty, De Villeneuve et Saint-Hilaire.

L'Auteur et l'Avocat, com. en 3 actes et en vers, par M. P. Duport.

Le Mari et l'Amant, com. en 1 acte en prose, par M. Vial.

La Jeune Femme colère, com. en 1 acte, par M. Etienne.

Bruis et Palaprat, com. en 1 acte en vers, par le même.

Le Ci-devant Jeune Homme, com. en 1 acte, par MM. Merle et Brazier.

Louis IX, tragédie en 5 actes, par M. Ancelot.

Le Solitaire, op. com. en 3 actes, par M. Planard.

Valentine de Milan, op. com. en 3 actes, par M. Bouilly.

Gulistan, op. com. en 3 actes, par MM. Etienne et Lachabeaussière.

La Somnambule, vaud. en 2 actes, par MM. Scribe et G. Delavigne.

Les deux Pères, vaud. en 2 actes, par E. Dupaty.

Matin et Soir, vaud. en deux actes, par MM. Théaulon, Dartois, Chazet et Lamarlière.

Le Mariage à la Hussarde, vaud. en 1 acte, par MM. Théaulon, Dartois et Lafontaine.

Partie et Revanche, vaud. en 1 acte, par MM. Scribe, Francis et Brazier.

Les deux Précepteurs, vaud. en 1 acte, par MM. Scribe et Moreau.

La Carte à Payer, vaud. en 1 acte, par MM. Merle, Brazier et Carmouche.

Les Chevilles de Maître-Adam, vaud. en 1 acte, par MM. Francis
et Moreau.

Les Anglaises pour Rire, vaud. en 1 acte par MM. Sewrin et
Dumersan.

Les Moissonneurs de la Beauce, vaud. en un acte, par
MM. Francis, Brazier et Dumersan.

L'Ours et le Pacha, vaud. en 1 acte, nouvelle édit. avec de
nombreux changemens, par MM. Scribe et Xavier.

Le Précepteur dans l'Embarras, vaud. en 1 acte par M. Mé-
lesville.

La Dame des belles Cousines, vaud. en 1 acte, par MM. Dartois et Brisset.

La Chercheuse d'Esprit, vaud. en 1 acte, par MM. Dumersan
et Lafontaine.

La Pêche de Vulcain, vaud. en un acte, par MM. Rochefort,
Lassagne et Brisset.

La Dame Voilée, com. en trois actes, par MM. Constant, Théo-
dore N*** et Armand.

Aline, reine de Golconde, op. com., en trois actes, par
MM. Vial et Favières.

Félicie, ou la jeune Fille romanesque, op. com. en trois actes,
par M. E. Dupaty.

Un jour à Paris, ou la Leçon singulière, op. com. en trois act.,
par M. Etienne.

Nadir et Sélim, ou les deux Artistes, op. com. en trois actes,
par MM. Justin Gensoul et Naudet.

L'Auberge de Bagnières, op. comique en trois actes, par Jala-
bert.

Les Sœurs jumelles, op. com. en un acte, par M. Planard.

Le Séjour militaire, op. com. en un acte, par M. Bouilly.

Picaros et Diégo, op. com. en un acte, par M. E. Dupaty.

Gaspard l'Avisé, vaud. en un acte, par MM. Barré, Radet et
Desfontaines.

Julien, ou Vingt-cinq ans d'entr'acte, vaud. en deux actes, par
MM. A. Dartois et Xavier.

Lia, ou une Nuit d'absence, vaud. en deux actes, par MM. Et.
Arago et Desvergés.

L'Ile des Noirs, vaud. en un acte, par MM. A. Dartois et Xavier.

Le Jour des Noces, vaud. en un acte, par MM. Duvert et
Nicole.

La Visite en prison, vaud. en deux actes, par MM. Duvert et
Nicole.

Sophie, ou la Malade qui se porte bien, vaud. en trois actes,
Par M. E. Dupaty.

Trilby, ou la Batelière d'Argail, vaud. en un acte, par MM. Decourcy, Dumersan et Rousseau.

La suite du Folliculaire, vaud. en un acte, par MM. F. Langlé,
Dartois, Théaulon et Ramond de la Croisette.

La pauvre Fille, vaud. en un acte, par MM. Dieulafoy et Ach.
Dartois.

Le Duel par procuration, vaud. en un acte, par MM. Decourcy
et Rousseau.

Guillaume, Gautier et Garguille, vaud. en un acte, par
MM. Francis, Dartois et Gabriel.

Le Gascon à trois visages, vaud. en un acte, par MM. Gabriel
et Honoré.

Monsieur Vautour, vaud. en un acte, par MM. Désaugiers,
Tournay et G. Duval.

L'Ennui, vaud. en un acte, par MM. Scribe et Dupin.

Le Déjeûner d'Employés, vaud. en un acte, par MM. Gabriel
et ***

Le prologue impromptu, ou les aucteurs en retard, à-propos
en un acte et en vaud., par MM. Désaugiers, Lassagne et
Rousseau.

Le Vieillard de Viroflay, vaud, en un acte, par MM. Decourcy
Sewrin.

Le Cachemire, comédie en un acte et en vers, par M. Edouard
d'Anglemont.